GUSTAVE SCHLUMBERGER

MEMBRE DE L'INSTITUT

VOYAGE

DANS

LES ABRUZZES

ET

LES POUILLES

(3-17 MAI 1914)

Avec gravures dans le texte

PARIS

LIBRAIRIE PLON

PLON-NOURRIT ET Cie, IMPRIMEURS-ÉDITEURS

8, RUE GARANCIÈRE — 6^e

1916

VOYAGE DANS LES ABRUZZES

ET

LES POUILLES

DU MÊME AUTEUR

Renaud de Châtillon, prince d'Antioche, seigneur de la terre d'outre-Jourdain. Un volume in-8° orné de gravures . . . . 7 fr. 50

Expédition des « Almugavares » ou Routiers catalans en Orient (de l'an 1302 à l'an 1311). Ouvrage accompagné d'une carte. Un volume in-8°. . . . . 7 fr. 50

Le Tombeau d'une impératrice byzantine en Espagne. Plaquette in-8° illustrée . . . . 2 fr. 50

Vieux Soldats de Napoléon. Vignettes de MM. Paul CHARDIN et GUSMAN. Plaquette in-8° . . . . 5 fr.

Derniers Soldats de Napoléon. Dessin de JOB. Plaquette in-8°. Prix . . . . 5 fr.

Campagnes du roi Amaury Iᵉʳ de Jérusalem en Égypte, au XIIᵉ siècle. Un volume in-8° avec une carte. . . . . . . 7 fr. 50

Soldats de Napoléon. **Journal de route du capitaine Robinaux** (1803-1832). Un volume in-16 avec un fac-similé. . . . . 3 fr. 50

Soldats de Napoléon. **Lettres du commandant Coudreux à son frère (1804-1815).** Un volume in-16, avec un portrait et un fac-similé . . . . 3 fr. 50

Mémoires du commandant Persat (1806-1844). Un volume in-8°. . . . . 7 fr. 50

Charlotte d'Albret, femme de César Borgia, et le château de La Motte-Feuilly. Un volume in-8° avec gravures . . . . . 5 fr.

Le Siège, la Prise et le Sac de Constantinople par les Turcs en 1453. Un vol. in-8° cavalier avec 20 gravures hors texte. 10 fr.

Prise de Saint-Jean-d'Acre, en l'an 1291, par l'armée du Soudan d'Égypte. Un volume in-8° avec 3 gravures . . . 5 fr.

Un Empereur de Byzance à Paris et à Londres. Un volume in-8° avec 3 gravures . . . . 5 fr.

PARIS. TYP. PLON-NOURRIT ET Cⁱᵉ, 8, RUE GARANCIÈRE. — 21605.

GUSTAVE SCHLUMBERGER

MEMBRE DE L'INSTITUT

VOYAGE

DANS

LES ABRUZZES

ET

LES POUILLES

(3-17 MAI 1914)

Avec gravures dans le texte

PARIS

LIBRAIRIE PLON

PLON-NOURRIT ET C\ie, IMPRIMEURS-ÉDITEURS

8, RUE GARANCIÈRE — 6e

1916

A

MESDAMES DE COSSÉ ET LE MAROIS

ce récit de voyage est dédié

VOYAGE DANS LES ABRUZZES

ET

LES POUILLES

(3-17 MAI 1914) (1)

J'ai fait, au printemps de l'an dernier, avec des amis, dans les Abruzzes et les Pouilles, deux des provinces italiennes les plus rarement visitées, une courte et magnifique excursion. Je n'avais jamais encore été dans les Abruzzes. J'avais, il y a quelque vingt ans, visité rapidement, après Tarente et Otrante, Bari et Lecce, villes des Pouilles. Ce voyage dans ces deux provinces, devenu aujourd'hui aussi facile, grâce à l'automobile, qu'il était jadis presque impossible, demeurera un de mes beaux souvenirs. Nous sommes parmi les premiers à l'avoir accompli dans ces conditions. J'engage vivement tous ceux qui aiment à admirer de superbes monuments et de non

(1) Ce récit est une réédition, avec des détails historiques qui en ont plus que triplé l'étendue, d'un article paru sous le même titre dans la *Revue des Deux Mondes* du 1er février 1916.

moins superbes paysages de montagnes à ne pas se priver de ce grand plaisir.

Nous n'avions exactement que quinze jours devant nous. Grâce à une excellente 40 HP, — car une voiture puissante est indispensable, — nous avons réalisé presque tout notre programme, supérieurement établi par M. E. Bertaux, l'érudit français qui, certainement, connaît le mieux ces contrées. Il nous aurait suffi de quelques jours de plus pour l'accomplir tout entier.

Nous sommes sortis de Rome par la place Saint-Jean-de-Latran, puis, par Tivoli, nous avons rapidement gagné Tagliacozzo. Le champ de bataille où sombra la fortune du malheureux Conradin, le dernier des Hohenstaufen, s'étend au pied de la ville, accotée à un contrefort de l'Apennin. Le site est fort beau. Nous visitons un vieux palais, riche en souvenirs.

L'entrée du prétendant Conradin, au printemps de l'an 1268, à Rome, avait été triomphale. Par-dessus leurs armes, les soldats avaient des vêtements précieux aux couleurs éclatantes et variées. Leurs casques étaient ornés de verdures et de feuillages. Sur le parcours de la ville étaient disposés des chœurs de femmes qui chantaient, en s'accompagnant de cymbales, de tambours, de clairons et de violes. Chose extraordinaire, le sol des rues, au lieu d'être jonché, comme à l'ordinaire, de feuillages, disparaissait sous de riches étoffes et des fourrures de vair. D'une maison à l'autre, on avait jeté des cordes, et à ces cordes étaient suspendus des baudriers, des gants, des bracelets, des anneaux, des diadèmes, des colliers magnifiques, des bourses de soie, des couteaux dans leurs gaines de pourpre. Les maisons étaient tapissées de tentures d'or et de soie, de voiles et de manteaux aussi précieux par la matière que par la main-d'œuvre. C'était partout un luxe inouï. L'arrivée de Conradin causa un enthousiasme universel. Le jeune prince aux belles boucles blondes fut conduit au Capitole par une foule immense et fut salué par tous les Gibelins comme l'héritier des Césars. Lui-même harangua le peuple romain.

Hélas! quelques semaines après, Conradin, qui avait quitté Rome, le 18 août, avec cinq mille gendarmes, pour opérer sa jonction avec les fameux Sarrasins de Lucera et combattre son rival, fut complètement défait par les troupes de Charles d'Anjou sur les rives du ruisseau du Salto, au village de Scurcola, près de Tagliacozzo. Le malheureux enfant parvint à s'échapper avec Frédéric d'Autriche et quelques autres. Repris par les Angevins à Astura, au sud de Porto d'Anzio, au moment où il allait s'embarquer pour la Sicile, il fut conduit à Naples et condamné à mort avec Frédéric d'Autriche.

Les deux cousins jouaient aux échecs quand on vint leur annoncer la mort qui les frappait. Ils furent

décapités avec dix de leurs compagnons d'infortune
sur la place du Marché, le 29 octobre 1268, en présence d'un peuple immense, de Charles d'Anjou et
de toute sa cour. Conradin détacha son manteau,
s'agenouilla pour prier, puis, se relevant, dit : « Ah !
ma mère, quelle affreuse nouvelle vous allez recevoir
de moi ! » Alors, il se tourna vers le peuple, jeta, dit
la tradition, un gant dans la foule comme pour appe-
ler un champion et se livra au bourreau. En voyant
tomber la tête de son plus cher ami, Frédéric d'Autriche « poussa un rugissement terrible et mourut
sans demander pardon à Dieu ». On prétendit qu'au
moment de l'exécution de Conradin un aigle était
descendu du haut des cieux jusqu'à terre ; qu'aux
yeux de tout le peuple il avait trempé son aile droite
dans ce sang généreux, et était aussitôt remonté dans
les airs. C'était l'aigle de Souabe qui disparaissait
pour toujours (1).

Par une belle route contournant l'antique lac
Fusino, à travers une plaine toute jonchée de localités aux noms médiévaux (2), ayant devant nous les
plus hautes montagnes encore couvertes de neige en

(1) J'ai emprunté presque textuellement tous ces détails sur Conradin,
comme une partie de ceux sur Frédéric II, sur Manfred et ses fils, au
bel ouvrage du duc de Luynes intitulé : *Recherches sur les monuments
et l'histoire de la Maison de Souabe dans l'Italie méridionale*, et au
charmant volume : *The land of Manfred*, publié à Londres en 1889
par « Janet Ross ».

(2) Cette plaine admirable a été depuis bouleversée par l'affreux
tremblement de terre tout récent.

ce commencement de mai, nous atteignons vers le soir Sulmona, dans une position admirable. Nous devons y passer deux nuits dans une auberge primitive, pourtant possible et sympathique. La patrie d'Ovide disperse ses beaux édifices, ses pittoresques églises dans la plus riche plaine, en face de la magnifique chaîne de la Majella, qui barre l'horizon de son colossal mur de neige. A deux pas de l'hôtel, une très ancienne église, la cathédrale, contient quelques monuments insignes.

Nous consacrons la journée suivante à une longue course dans l'Apennin. Par une route de montagne splendide, à travers des défilés qui ne le cèdent en rien aux plus renommés passages des Alpes, le long de torrents rapides ou de lacs étincelants dans lesquels se mirent de petites cités couvrant de leurs antiques maisons des crêtes prodigieusement escarpées, nous gagnons la localité pittoresque entre toutes de Scanno, presque ignorée il y a dix ans, connue maintenant en Italie comme séjour d'été et comme séjour non moins charmant pour les sports d'hiver. Le site est grandiose, à la base d'imposantes montagnes. On est à plus de mille mètres d'altitude. Quand on parcourt, entre deux rangées de sombres maisons pareilles à des forteresses, ces ruelles caillouteuses et grimpantes, on se croit dans l'Italie des quatorzième et quinzième siècles. Aucune apparence de la vie moderne, sauf, en dehors de la ville, un petit hôtel propre, presque confortable, le seul assurément que nous ayons rencontré dans notre voyage. Une population aux vêtements archaïques, d'aspect sévère, circule par ces escaliers de rues. On se croirait à mille lieues de la Rome moderne dont un peu plus de deux cents kilomètres nous séparent seulement.

Le contraste est extraordinaire. Les femmes surtout, dont beaucoup soutiennent leur antique renommée de beauté, dont la plupart certainement n'ont jamais été au delà de Sulmona, portent le plus étrange costume noir, si lourd et pesant qu'il semble une évocation du moyen âge. Leur coiffure, également noire, si bizarre qu'elle est presque impossible à décrire et qu'elle rappelle, dit-on, leur origine albanaise, enveloppe leur physionomie du plus austère des accoutrements. Les veuves portent sur le visage une sorte de masque qui laisse juste assez de place à la vue pour qu'elles puissent se conduire. Dans quelques années, des légions de touristes accourront chaque jour à Scanno de Rome si voisine et de tous les points de l'Italie. La vie et la richesse pénétreront dans ces magnifiques contrées aujourd'hui encore presque aussi isolées qu'il y a trois siècles, mais c'en sera fini du pittoresque et de l'admirable couleur locale !

Un chemin charmant longeant le pied des monts nous conduit, le lendemain, de Sulmona à Aquila.

Dans la petite ville de Popoli, nous visitons quelques beaux restes d'un palais médiéval. Nous nous détournons plus loin jusqu'au village d'Asserghi pour contempler les assises formidables du Gran Sasso d'Italia. Ce géant de l'Apennin, massif colossal dont les cimes ceintes de neiges éternelles couvrent une immense

monnaie d'argent
frappée a. Aquila
au nom du Roi
Charles VIII

superficie, présente les plus merveilleux aspects. Il ne le cède point en fait de beautés sublimes aux plus renommés sommets des Alpes. — Aujourd'hui, hélas! de lourdes nuées nous en dérobent la cime.

Aquila, capitale des Abruzzes, est maintenant une préfecture du royaume d'Italie. C'est une ville très ancienne dans laquelle nos rois Louis XII et Charles VIII ont frappé monnaie, comme du reste à Sulmona et à Chieti. L'hôtel, sur le Corso, est bruyant,

malpropre, encombré d'officiers qui y ont leur loge-
ment. Nous visitons de charmantes églises. J'ai con-
servé le souvenir de deux d'entre elles : une toute

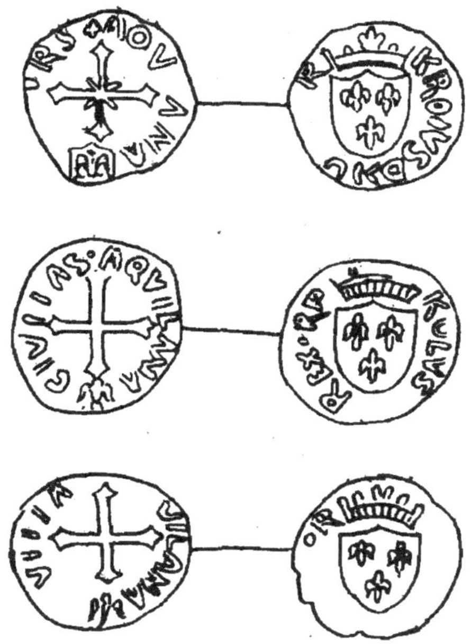

Monnaies de bronze frappées à Aquila au nom du Roi Charles VIII

petite, hors ville, près du cimetière, avec de délicieux
monuments de la Renaissance, sous le vocable de
Saint-Bernardin de Sienne, et une autre, Santa-Maria
di Collemaggio, avec une extraordinaire et immense
façade carrée, prodigieusement ornée, qu'on n'oublie

Santa Maria de Collemaggio à Aquila

plus quand on l'a vue. Le soir, quelques étudiants parcourent le Corso aux cris d'*Abbasso l'Austria!* C'était déjà une forme très usitée pour saluer l'alliée d'alors de la Triplice.

D'Aquila, nous franchissons l'Apennin par la plus belle route de montagne, magnifiquement établie par le gouvernement royal. Tout le long des pentes dénudées, des essais de reboisement sont tentés avec succès, semble-t-il. La voie est presque déserte, et nous filons vivement. Nous ne rencontrons pas une automobile. Nous n'en rencontrerons pas dix dans tout notre voyage. Arrêt à Teramo pour déjeuner et visiter un très beau dôme au portique d'aspect sauvage du douzième siècle.

La distance de Teramo à Ascoli, où nous devons passer la nuit, est courte. Nous traversons Campli et Civitella del Tronto. Ascoli, grande et belle cité, propre et bien tenue, possède aussi d'imposantes églises. L'hôtel de ville, avec sa jolie façade du dix-septième siècle, contient une galerie de peinture, chose bien rare dans les Abruzzes. Nous y voyons quelques beaux tableaux de l'école de Crivelli et le fameux pluvial dit d'Ascoli, admirable chape qui, jadis dérobée et vendue à feu Pierpont Morgan, fut généreusement restituée par lui à la ville d'Ascoli après des incidents retentissants.

Le lendemain nous suivons longtemps une route insignifiante sur le rivage de l'Adriatique, puis nous

obliquons droit dans les terres. Nous escaladons un haut contrefort. Nous sommes à Atri, très ancienne ville d'origine étrusque, qui fut une des premières à frapper ces lourdes et énormes monnaies de bronze, le plus ancien numéraire italien connu sous le nom d'*æs grave*. Atri possède une merveilleuse cathédrale, dôme très antique avec une immense crypte et des fresques fameuses. C'est un des plus beaux monuments religieux des Abruzzes que nous visitons longuement. Nous faisons dans une petite auberge un déjeuner pittoresque. — La route qui nous mène d'Atri à Chieti est très mauvaise; nous perdons du temps à franchir deux gués auprès de deux ponts rompus. Après un court arrêt à Pianella, où une antique église *fuori mura* contient un extraordinaire ambon d'art très barbare, nous arrivons à Chieti par une longue et belle montée.

Chieti est une grande ville, une préfecture sans intérêt, mais dans une situation superbe sur une très haute colline. Son nom antique est Reate. L'ordre des Théatins, qui y fut fondé par un de ses archevêques devenu plus tard le pape Paul IV, en a pris son nom. Du haut des promenades qui ont remplacé les vieilles murailles, la vue est splendide entre les massifs du Gran Sasso d'une part et de l'autre la mer Adriatique qui scintille au loin.

Notre prochaine étape est une des plus longues. Nous nous arrêtons à Torre de'Passeri où nous admi-

S. Clemente

rons dans une solitude fleurie les restes délicieux de
la célèbre abbaye de San Clemente in Casauria de
l'ordre de Cîteaux, un des plus insignes monuments
du haut moyen âge italien. L'ambon, la chaire à prê-
cher, la tribune, le chandelier pascal sont de toute
beauté. De grands animaux, des aigles éployées,
sculptés en haut-relief, en décorent les parois. Un
jardin rustique, ensoleillé, encercle admirablement
ce site ravissant. — Nous repassons à Popoli, à Sulmona. Nous nous engageons derechef dans les plus
hautes montagnes de l'Apennin et, par les plus tra-
giques défilés, nous gagnons la localité très élevée de
Roccaraso. Trois ou quatre hôtelleries primitives des-
tinées à abriter le flot des touristes italiens, qui com-
mencent à y faire du sport en hiver et à s'y reposer
en été, sont vides encore. Nous avons peine à nous
faire servir le plus maigre repas. Aussitôt après,
nous traversons un immense plateau sans cesse agité
par des vents violents. Le froid est intense. Le paysage
est celui des plus hauts sommets alpins. La route
redescend par Castel di Sangro. Nous désirons voir
les fresques du neuvième siècle de l'église souterraine
désaffectée de San Vincenzo a Vulturno. Pour avoir
les clefs, nous montons au village du même nom
accroché à la montagne dans le site le plus roman-
tique. Les clefs ont été emportées, hélas! à Naples
par le propriétaire actuel de l'église. C'est la fête du
village. Toute la population défile en grand costume

multicolore comme aux temps classiques de Léopold
Robert. Dans ce lieu si sauvage, si écarté, nous rece-
vons le meilleur accueil. A notre étonnement, beaucoup d'hommes s'adressent à nous en français. Ce
sont des ouvriers qui, chaque année, vont faire en
France une campagne de travaux de terrassements.
Un d'eux a épousé une femme française qu'il a rame-
née ici et qui ne semble pas se sentir dépaysée dans
ce milieu si différent et si rude. — Nous arrivons
fatigués à Isernia sur le Vulturne. Nous voudrions y
passer la nuit. Impossible. A la vue de l'auberge,
nous reculons d'horreur. Force nous est d'aller beaucoup plus loin par une route d'ailleurs infiniment
belle. Nous arrivons à la nuit tombante à Campo-
basso, capitale de la province de Molise, presque
sur la frontière des Pouilles. Hélas! c'est ici pire
encore. L'auberge est affreusement sale. Mieux vaut
ne pas insister. Un de nous, gagnant son lit, en fait
tomber un pistolet à six coups chargés oublié par le
voyageur de la nuit précédente.

Par une très longue et très fatigante route, escaladant les plus hauts sommets pour atteindre successivement des localités qui semblent des nids d'aigles,
nous franchissons la frontière des Pouilles. L'aspect
du pays se modifie entièrement. Quittant les montagnes, nous descendons brusquement dans la grande
plaine du *Tavogliere* des Pouilles, où paissaient, au
moyen âge, des millions de moutons, venus des

Abruzzes au printemps. Il n'en vient plus actuellement que quelques centaines de mille. De plus en plus, l'agriculture s'empare du *Tavogliere*. Vers midi, à l'entrée de cette plaine fameuse, nous atteignons Lucera, la célèbre *Lucera dei Pagani* de l'empereur Frédéric II de dramatique mémoire, qui dresse sa silhouette monumentale sur un haut plateau sauvage et dénudé. Nous visitons les églises, fort belles. Surtout, nous courons, à quelques centaines de mètres de la ville, aux ruines de la sombre et immense forteresse où cet empereur extraordinaire, cet homme tellement en avant de son siècle, avait installé cette armée de 60 000 Sarrasins (1), dont il avait réussi, à l'horreur du Pape et de la chrétienté, à se faire pour lui les soldats les plus dévoués. Il a vécu souvent, à Lucera, auprès de cette multitude féroce dont il était le dieu, entouré de cette cour élégante et lettrée, mi-partie chrétienne, mi-partie musulmane, qui avait fait de lui un empereur excommunié.

Frédéric, à côté de ses fameuses troupes sarrasines, entretenait à Lucera des parcs de chameaux et aussi de guépards, dressés pour la chasse, et y élevait des chevaux arabes. « Nous avons pour agréable, écrivait-il à un de ses serviteurs, l'envoi que tu as fait de huit chameaux et de deux guépards aux guépardiers de Lucera. Tu nous dis aussi que tu gardes à

(1) Ce chiffre, donné par les chroniqueurs contemporains, est certainement exagéré.

Citadelle de Lucera.

Malte trois chameaux, deux mâles et une femelle, pour qu'ils fassent des petits. Surveille-les et fais-les bien soigner. Envoie en Barbarie, et fais-y acheter des poulains de Barca d'une belle race et des guépards qui, sans être complètement apprivoisés, sachent cependant aller en croupe. » L'empereur entretenait encore à Lucera, aussi à **Melfi** et à Canosa, des maîtres sarrasins fondeurs et charpentiers, des maîtres armuriers, des gardiens de chameaux, d'ours et de hyènes, des gardiens de la garenne, des fabricants d'arcs, des ouvriers monétaires pour frapper des monnaies bilingues, à légendes arabe et latine. Son harem, à l'exemple de ceux des princes de Damas ou du Kaire, était composé d'odalisques *(garciæ)* et de concubines en sous-ordre *(ancillæ)*. Un mandat impérial daté du 10 novembre 1239 à Lodi, et délivré à Jean le More, donne les détails que voici : « Nous t'enjoignons, dès que tu en seras requis par le kadi de Lucera et par Ben Abou Zeughi de Lucera (sans doute le chef des eunuques impériaux), de faire remettre pour nos filles *(garciæ)* qui sont à Lucera et à chacune d'elles une robe fourrée de martre, deux chemises et deux voiles d'étoffe de lin, et pour les servantes de notre chambre qui sont au même lieu, à chacune d'elles, une jupe à camail agrafé, deux chemises et deux voiles, et de leur solder toutes leurs dépenses, suivant le règlement de notre cour. »

Cet empereur étrange et si vivant excellait ainsi

dans toutes les formes de l'économie domestique. Il
avait encore de belles ménageries à Naples, à Melfi,
à Gravina, dans ces villes méridionales italiennes,
siège, grâce à lui, de la plus intense civilisation de

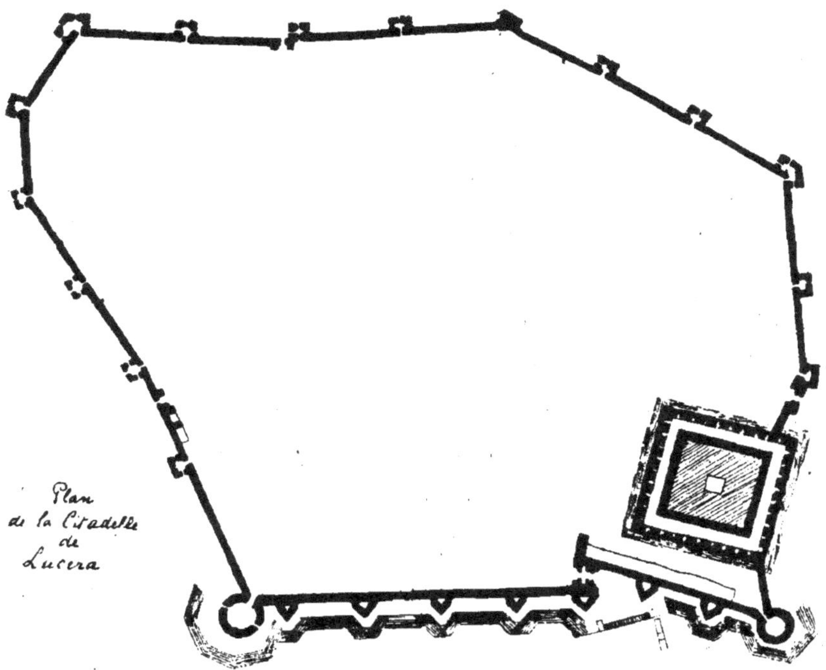

l'époque. Il avait des écuries d'éléphants, un haras à
Syracuse, à côté d'une ferme où il faisait élever des
buffles. Ses viviers de Palerme et d'Augusta étaient
célèbres. Il protégea infiniment la culture de la
canne à sucre. Il ordonne à son secrétaire de bien
accueillir les juifs qui s'engagent à faire fructifier les
dattiers du jardin royal de Palerme. Il avait jusqu'à

des parts de bénéfices dans certaines caravanes du Soudan, du Kaire, qui allaient aux Indes lointaines.

A la bataille de Cortenuova contre les rebelles lombards, les flèches des archers sarrasins, dont l'étendard était porté par l'éléphant de l'empereur, la vue aussi de cet animal, alors étrange et inconnu, contribuèrent fort à la déroute des Milanais.

Du château de Lucera on aperçoit les ruines de Castel Fiorentino ou Firenzuola, le petit château de chasse où, le 13 décembre 1250, expira à l'âge de cinquante-six ans l'empereur Frédéric II. Tombé malade en juin à Andria, il voulut, en novembre, gagner Lucera, mais il ne put aller au delà de Castel Fiorentino. Son fils bien-aimé, le roi Manfred, le jeune et célèbre médecin Jean de Procida, et son partisan fanatique, le vieil archevêque Bérard de Palerme, assistaient à sa mort. Le parti papal se réjouit bruyamment de la fin de son terrible ennemi. Un moine en prière vit en songe cinq mille cavaliers plonger dans la mer, avec un bruit de métal en fusion. Un des cavaliers lui révéla que c'était là le passage de l'empereur et de sa suite, en route pour les enfers.

Manfred s'empressa de notifier aux barons la mort de son père, et de tout préparer pour les funérailles à Palerme. « Le 28 décembre, dit le chroniqueur Matteo, j'appris que le corps de l'empereur, qu'on portait à Tarente pour l'embarquer, allait passer, et je me rendis à Bitonto pour le voir. Il était déposé

dans une litière couverte d'un voile cramoisi. La
garde sarrasine l'entourait avec six compagnies de
cavaliers armés de toutes pièces. Ils marchaient
tristement, pleurant l'empereur. Les syndics du
royaume et une foule de seigneurs, vêtus de noir, fer-
maient le cortège. » Frédéric, d'après les chroniques
musulmanes, était roux et chauve. Il était de petite
stature ; il avait la vue faible.

Faisant un grand crochet vers la droite, à travers
le *Tavogliere* et sa plaine infinie, triste et déserte,
nous gagnons, sur un des premiers contreforts de
l'Apennin, une autre cité des Pouilles, une autre
fameuse ville médiévale, une des premières con-
quêtes des Normands en Italie, Troja, fondée par le
stratigos byzantin Bugianus, qui lui avait donné ce
nom légendaire, assiégée plus tard par l'empereur
Henri III en un siège célèbre, qui se termina par la
plus lamentable des retraites Aujourd'hui petite
ville isolée, habitée par une population d'aspect
farouche et famélique, Troja ne recevrait jamais de
visiteurs, si elle ne possédait un des plus merveilleux
dômes d'Italie. La cathédrale, splendide, s'élève sur
une petite place banale, encombrée de centaines
d'enfants, dont l'indiscrète et bruyante curiosité est
une calamité presque insupportable. Sa façade est
tellement belle, en sa sauvage rudesse, qu'elle nous
arrache des cris d'admiration. Nous ne pouvons
cesser de la contempler. Elle est aussi superbe, aussi

fraîche que si elle était d'hier. Elle possède des portes de bronze richement décorées, exécutées à Constantinople au onzième siècle, comme toutes celles que nous allons rencontrer désormais dans cette grande plaine des Pouilles. Nous quittons avec peine cet endroit inoubliable, et, par les mornes étendues du *Tavogliere,* nous gagnons vers le soir Foggia, capitale de la province, où nous devons passer deux nuits.

Foggia n'était, au moyen âge, qu'un gros bourg, où les milliers de pâtres du *Tavogliere* venaient s'approvisionner. Frédéric II, qui y tint très souvent sa cour, y construisit des églises, un palais dont il ne demeure qu'un arceau charmant. C'est aujourd'hui une capitale agricole de plus de 100 000 habitants. Elle est privée d'eau, ce qui constitue pour elle une véritable calamité. Ses monuments sont peu intéressants. Quelques places de la ville sont couvertes de pierres plates, dont chacune marque l'entrée d'un *silo* pour la conservation des grains

Foggia fut, je l'ai dit, un des séjours préférés de l'empereur Frédéric II. Aujourd'hui encore les paysans de cette partie de l'Italie parlent avec fierté du grand empereur qui tant aimait leur belle patrie ensoleillée, de son fils aussi, l'infortuné et chevaleresque Manfred.

La mère de celui-ci était la ravissante Bianca Lancia, noble piémontaise, fille du châtelain du château d'Agliano près Asti, *virgo pulcherrima*, ainsi que l'appellent les chroniqueurs contemporains. Frédéric II l'avait extraordinairement aimée; il avait plus tard légitimé son mariage avec elle. Elle lui avait donné, entre autres enfants, une fille, Constance, dont j'ai raconté ailleurs (1) l'existence si agitée et si malheureuse. Celle-ci avait épousé, sous le nom nouveau d'Anne, l'empereur byzantin Jean III Dukas Vatatzès de Nicée, le fameux « Vatace » des historiens francs contemporains de l'empire latin de Constantinople. Après bien des vicissitudes, elle vint terminer ses jours dans un couvent de Valence, en Espagne, auprès de son neveu par alliance, le roi Pierre III d'Aragon. J'y ai retrouvé sa tombe dans la sombre petite église de Saint-Jean de l'Hôpital. Ce mariage d'une fille d'empereur avec un prince schismatique avait été une des raisons pour lesquelles le pape Innocent IV, mortel ennemi de Frédéric, avait excommunié celui-ci et déclaré son trône vacant.

Frédéric II, âgé de quatorze ans seulement, avait été marié en 1209 à Palerme, par les soins de son tuteur le pape Innocent III, auquel sa mère, l'impératrice Constance, mourante, l'avait confié par son testament. Cette première épouse, également appelée Constance, était la fille du roi Alphonse II d'Aragon et la veuve d'un roi de Hongrie. Elle mourut

(1) Gustave Schlumberger, *le Tombeau d'une impératrice byzantine à Valence en Espagne*, Paris, 1902.

en 1222, laissant un fils, Henri, qui fut couronné roi
de Germanie, se révolta contre son père et termina
sa vie en prison. Frédéric se remaria au bout de
quelques années avec Yolande, la fille très belle du
vieux et héroïque Jean de Brienne, le légendaire roi
de Jérusalem, et de sa très jeune épouse, la reine
Marie de Montferrat, communément appelée « la
Marquise ». De ce chef, Frédéric prit le titre de roi
de Jérusalem pour lui et ses descendants, les souverains de Sicile. Yolande mourut au bout de treize
ans, en 1225, à Andria, en pleine jeunesse, en pleine
beauté, laissant un fils, Conrad, qui fut le père de
l'infortuné Conradin.

Six ans après, le fameux Pierre de Vinea, l'homme
de confiance de Frédéric, alla lui chercher à Londres
une troisième épouse, Isabelle, fille du roi Jean sans
Terre, princesse aussi délicieuse que l'avaient été les
deux impératrices précédentes. Le 3 mai, la fiancée
impériale, emportant le plus splendide trousseau, une
couronne d'or fin constellée de pierres précieuses et
d'émaux, représentant les saints rois martyrs d'Angleterre, s'embarqua à Sandwich pour Anvers. De
là, toujours en somptueux appareil, elle vint à
Cologne, où elle fut reçue triomphalement par une
cavalcade de dix mille bourgeois. Frédéric chargea
la suite anglaise qui s'en retournait à Londres de
présenter de sa part au roi Jean trois guépards
dressés à la chasse du gibier. L'histoire a négligé de

nous dire dans quelles forêts royales d'Angleterre ces gracieux animaux prirent à la course, sous les yeux de la cour anglaise amusée, les chevreuils et les lièvres accoutumés.

Frédéric, alors fort occupé par la révolte de son fils Henri, laissa six semaines à Cologne la nouvelle impératrice encore vierge. Il ne la fit venir à Worms qu'après la soumission du roi des Romains et l'épousa définitivement dans cette ville, le 21 juillet, un dimanche, consommant solennellement le mariage qui avait été seulement jusqu'ici conclu par procureur. Isabelle lui plut beaucoup par sa beauté, plus encore par son caractère, son charmant maintien, sa parfaite connaissance des lois du beau langage. Ce jour-là, tant à Mayence qu'à Worms, se trouvèrent réunis quatre rois, onze ducs, trente comtes et marquis, outre la foule des prélats. La première nuit que l'empereur passa avec Isabelle, il ne voulut pas la connaître selon la chair avant l'heure convenable qui lui avait été marquée par les astrologues. Le commerce charnel ayant été consommé de grand matin, l'empereur entoura aussitôt sa femme d'une surveillance rigoureuse, comme si elle était déjà enceinte, en lui disant : « Conduisez-vous sagement, car vous avez un mâle dans votre ventre. »

Les chroniqueurs racontent que la jeune impératrice fut aussitôt confiée par son nouvel époux aux soins d'un corps d'eunuques noirs, « faits comme de vilains masques ». A Mayence, après la grand'messe dans la cathédrale, Isabelle présida le 22 août, avec Frédéric, à un banquet monstre de tous les princes de l'immense empire rassemblés dans la plaine qui touchait à la ville. Les Minnessingers, ce jour-là, célébrèrent dans des chants passionnés la gloire de leur jeune empereur et de son épouse exquise.

De Mayence, l'impératrice Isabelle se rendit directement dans le sud de l'Italie. Elle mourut des suites de couches à Foggia, le 1er décembre 1241, au milieu du deuil universel: Toutes les cloches de l'immense empire sonnèrent à l'unisson pour son deuil. Elle avait succombé à la naissance de son quatrième enfant, une fille, Marguerite, mariée plus tard à l'odieux margrave de Misnie, surnommé le Dépravé. Elle fut ensevelie à Andria, auprès de Yolande de Brienne. Les tombeaux des deux impératrices, affreusement mutilés, existent encore, dit-on, dans la crypte de la cathédrale d'Andria, sous un amas de décombres de toutes sortes. Nous n'avons pu les apercevoir.

Ce Frédéric II, qui semble bien vraiment avoir été un prince de la Renaissance, plutôt qu'un empereur du farouche treizième siècle, a fait frapper, dans ces villes de l'Italie méridionale, à Amalfi, à Brindisi, à Messine, entre autres monnaies très diverses, de superbes sous d'or, dits *augustales*, qui sont parmi les joyaux de la numismatique médiévale. Copiées sur

les plus belles médailles antiques romaines, ces monnaies portent le buste lauré de Frédéric, de style
antique, sous les traits de l'empereur Auguste, et
au revers une grande aigle éployée. La légende
latine est ainsi conçue : *Frédéric, empereur des Romains, toujours auguste.* Il y eut, de cette si jolie
pièce d'or, de nombreuses émissions dont la pre-

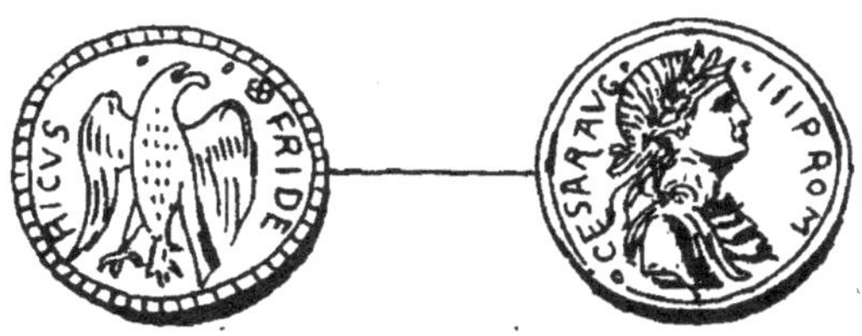
Augustale d'or de l'Empereur
Frédéric II

mière eut lieu vers 1232. Elles ont été étudiées en
1894 par E. Winckelmann (1).

Nous ne séjournons à Foggia que pour pouvoir
aller le lendemain au sanctuaire du mont Gargano,
un des buts principaux de notre voyage. Quand on
traverse l'immense *Tavogliere,* en venant de l'Apennin, ou seulement de Troja, on a en face de soi, sur
la droite et sur la gauche, la mer, et, juste en face,
un énorme massif montagneux complètement isolé
de toutes parts, entre la plaine et la mer Adriatique ;

(1) A. BLANCHET, *Mémoires et notes de numismatique,* 1909, pp. 200
sqq.

c'est là le fameux promontoire du mont Gargano, l'éperon de la botte que représente l'Italie méridionale. Au sommet de ce promontoire désert, à une hauteur de plus de 800 mètres, dominant une immense étendue de terre et de mer, se dresse, au milieu d'une ville étrange en ces solitudes, une église élevée sur un des plus célèbres et des plus antiques sanctuaires chrétiens du monde : la grotte si renommée où, dès le sixième siècle, les foules primitives accouraient vénérer le glorieux archange saint Michel, l'archistratège des nuées célestes. Ce sanctuaire insigne a joué le plus grand rôle dans l'histoire de la conquête normande. C'est là que les hardis aventuriers normands, fils de Tancrède de Hauteville, venus ici au retour de Terre-Sainte pour saluer le grand Archange si populaire dans leur patrie, s'abouchèrent pour la première fois avec les patriotes longobards et firent alliance avec eux pour renverser dans l'Italie méridionale le pouvoir tyrannique séculaire du basileus de Byzance.

J'emprunte au livre de feu l'abbé Delarc sur *Les Normands en Italie,* les détails qui suivent : « Dans les premières années du sixième siècle, les sommets du Gargano nourrissaient les nombreux troupeaux d'un homme riche, que la légende appelle aussi Garganus.

« Un jour le taureau d'un de ces troupeaux ayant disparu, les bergers et leur maître se mirent à sa recherche et le trouvèrent au sommet de la montagne, accroupi devant une caverne. On essaya vainement de le ramener. Garganus, furieux de cette résistance, lança un javelot contre le taureau ; malgré que la pointe en fût acérée, le trait, au lieu de percer l'animal, revint frapper celui qui l'avait lancé.

« Ce prodige confondit les assistants, qui allèrent consulter leur pasteur, Laurent, évêque de Siponto, pour savoir ce qu'il signifiait. L'évêque prescrivit un jeûne de trois jours, puis il eut une vision. L'archange saint Michel lui apparut et lui dit qu'il était l'auteur du prodige et qu'il voulait que la caverne devant laquelle le taureau était accroupi, lui fût consacrée. Évêque et fidèles se conformèrent aux ordres de l'Archange et, peu après, une basilique dédiée à saint Michel s'éleva à l'endroit indiqué. Elle ne tarda pas à être visitée par d'innombrables pèlerins, qui, ayant eu connaissance du miracle, accoururent de toutes parts pour invoquer l'Archange dans son nouveau sanctuaire.

« Au commencement du huitième siècle, deux cents ans environ après l'apparition de l'Archange sur le mont Gargano, vivait à Avranches, sur les confins de la Bretagne et de la Neustrie, un évêque nommé Aubert. Cet évêque connaissait le sanctuaire du mont Gargano, soit qu'il y fût allé en personne, ou simplement qu'il en eût entendu raconter les merveilles. Une nuit, l'archange saint Michel lui apparut durant qu'il dormait et lui prescrivit de bâtir un

sanctuaire qui lui fût dédié, et où il recevrait des
honneurs analogues à ceux qu'on lui rendait au mont
Gargano. L'Archange ajouta que cette église devait
être construite sur une magnifique élévation rocheuse
nommée le mont Tombe qui se dressait au bord de
la mer, à peu de distance d'Avranches. Plus diffi-
cile à convaincre que l'évêque de Siponto, l'évêque
d'Avranches n'obéit qu'à une troisième injonction de
l'Archange qui, pour venir en aide à sa foi, lui
prouva d'une manière sensible qu'il n'était pas le
jouet d'une illusion. Un malfaiteur, voulant s'appro-
prier le taureau d'un des troupeaux paissant sur le
mont Tombe, l'amena clandestinement dans une
caverne au sommet du mont. Il espérait l'y garder
quelque temps, et, lorsqu'on ne le chercherait plus,
l'en faire sortir pour le conduire au loin.

« Saint Michel instruisit de la chose l'évêque
Aubert et lui enjoignit de faire élever la future église
au-dessus de la caverne où se trouverait le taureau.
L'évêque se rendit avec les fidèles à l'endroit indiqué,
y découvrit en effet l'animal, et alors, ne doutant
plus, commença ses préparatifs pour bâtir le sanctuaire. Il voulut que le nouveau temple eût les dimen-
sions et la forme de celui du mont Gargano. En
même temps, il envoya en Italie quelques clercs
demander aux prêtres qui desservaient l'église souterraine du mont Gargano une portion du manteau
rouge laissé par saint Michel, lors de son apparition,

et un fragment de la table de marbre au-dessus de laquelle il avait daigné se montrer à l'évêque de Siponto. Le retour des envoyés avec ces reliques fut une marche triomphale. Le sanctuaire du mont Tombe, devenu le mont Saint-Michel, ne tarda pas à avoir dans les Gaules l'importance que celui du mont Gargano avait en Italie. .

« Telles sont les deux légendes; la seconde s'inspire visiblement de la première, et l'une et l'autre, comme l'ont remarqué les Bollandistes, ne peuvent, sur bien des points, résister aux attaques de la critique, mais elles n'en établissent pas moins d'une façon certaine qu'au commencement du huitième siècle, malgré un éloignement d'environ quatre cents lieues, il a existé de curieux rapports entre le pays que nous appelons maintenant la Basse-Normandie et le rivage oriental de l'Italie méridionale. On comprend pourquoi les premiers guerriers normands chantés par le poète du onzième siècle, Guillaume de Pouille, traversant l'Italie, firent l'ascension du Gargano et y rencontrèrent le fameux patriote longobard Mélès qui leur demanda de l'aider à chasser les Byzantins de l'Italie méridionale. »

Malgré les siècles écoulés, le sanctuaire du Mont Gargano, ou plus exactement du Monte Sant' Angelo, est encore aujourd'hui, en Italie méridionale, l'objet d'un culte immense. Tout le long de l'année, surtout au mois de mai, des milliers de rustiques pèlerins, par troupes villageoises sous la conduite des anciens de la commune, portant tous encore le costume classique des paysans de l'Italie méridionale, tenant à la main des palmes fleuries, chantant incessamment de pieuses litanies, traversent en lents et poétiques convois les plaines prodigieuses de la Pouille, puis, escaladant les chemins pierreux de la Sainte Montagne, vont implorer en d'ardentes prières, souvent à grands cris, le très saint Archange dont ils contemplent de leurs plus suppliants regards la statue infiniment vénérée. En mai, plus de cent mille de ces pèlerins montent au sanctuaire. La fête de l'Archange se célèbre le 8 de ce mois. Nous sommes au 9. C'est dire que nous rencontrerons encore de très nombreuses bandes.

La route qui de Foggia mène à Manfredonia, d'où l'on monte au Gargano, est une des plus romantiques du monde. Elle traverse dans sa partie la plus pittoresque le sauvage *Tavogliere*, parsemé de troupeaux. En face de nous grandit de moment en moment l'immense silhouette isolée du Monte Sant' Angelo. A mi-chemin, les ruines d'une ancienne commanderie du Temple et de son église, très renommées à l'époque des Croisades, attirent nos regards. La route est couverte de centaines de pèlerins, se dirigeant par bandes vers le sanctuaire ou en revenant, chantant et priant. Les voix fraîches des jeunes filles répondent aux voix graves des vieillards portant les saintes reliques. Plus loin, nous visitons une église vénérable, très antique, de la plus belle ordonnance du haut moyen âge. C'est la cathédrale de Siponto, le seul monument demeuré debout dans cette solitude de cette ville jadis célèbre. Manfredonia, que nous atteignons aussitôt après, est un petit port de mer pittoresque et charmant. Ce fut jadis un point d'embarquement très fréquenté par les guerriers de la Croisade. L'infortuné Manfred, ce fils bâtard si sympathique du grand Frédéric II, imposa son nom à la ville qu'il reconstruisit. Vers les tout derniers jours du dix-huitième siècle, Mesdames Adélaïde et Victoire de France, tantes du Roi, abandonnant le palais de Caserte sous la menace des soldats de Championnet, vinrent ici passer quelques jours affreux avant de s'embarquer à Bari sur une misérable felouque qui, à travers des souffrances inouïes, les conduisit à Trieste, étape dernière de leur long martyre.

Il faut lire dans les livres que MM. Casimir Stryienski et Eugène Welvert ont consacrés à la vie de Mesdames de France et à celle de la duchesse de Narbonne-Lara, la fidèle compagne de ces infortunées, le récit émouvant de ces derniers jours de leur lente agonie (1). A la suite de la honteuse défaite du général Mack, le 9 décembre 1798, et de la

(1) C. STRYIENSKI, *Mesdames de France, filles de Louis XV*, Paris, 1911. — E. WELVERT, *Autour d'une Dame d'honneur*, Paris, s. d.

marche foudroyante de l'armée de Championnet sur Naples, le roi Ferdinand et la reine Caroline s'étaient lâchement sauvés en Sicile. Abandonnées de tous, dans leur résidence de Caserte, les deux pauvres princesses, filles âgées de Louis XV, affolées par l'imminence de l'arrivée des troupes républicaines, se résolurent à tenter de gagner Manfredonia sur l'Adriatique, pour de là chercher à arriver par mer à Trieste, ville autrichienne qui leur semblait le salut. Comme il n'y avait pas une minute à perdre, après avoir fait leurs dévotions à la messe qui leur fut dite à minuit et demi, elles montèrent en voiture le dimanche 23 décembre, à deux heures du matin, avec la duchesse de Narbonne, le comte et la comtesse de Chastellux et leurs enfants, dont une petite fille très malade de la petite vérole, la comtesse Louis de Narbonne, l'évêque de Pergame, premier aumônier de la princesse Adélaïde, un médecin, un chirurgien-dentiste et une suite encore nombreuse d'émigrés recueillis, de prêtres âgés, de gouvernantes, de femmes de chambre, de valets. Ce voyage, par une température infiniment rigoureuse, en plein hiver, dans ces contrées reculées alors presque absolument sauvages que l'approche de l'armée française venait de faire entrer en ébullition, fut effroyable. Dans la plaine de Foggia, une telle tourmente de neige et de vent, effaçant les chemins, assaillit les pauvres voyageuses, qu'elles mirent onze heures à faire douze milles. Parvenues à Foggia à dix heures du soir, elles y furent bien reçues par le gouverneur. Elles arrivèrent à Manfredonia dans la journée du 25 décembre. Dans ce petit port, les princesses exténuées, — Madame Victoire était déjà très malade du mal qui allait si rapidement l'emporter, — ne trouvèrent pas la frégate promise par le gouvernement napolitain. On les logea dans le « soi-disant » palais épiscopal désert et délabré, où elles campèrent comme elles purent. Puis, on les obligea à retourner à Foggia à deux reprises, de peur qu'elles ne fussent enlevées par les partis français qui s'avançaient rapidement. Enfin, le 15 janvier, elles partirent pour Brindisi, couchant à Cerignola, puis à Bari. Dans cette ville, la situation devint subitement si grave qu'elles durent, faute de frégate, s'embarquer sur le seul navire qu'elles trouvèrent à leur disposition : un *trabaccolo,* sorte de petit bâtiment ponté particulier à l'Adriatique, servant d'ordinaire à passer les huiles de la Pouille à Trieste. Soixante personnes, femmes, enfants, vieillards, prêtres, s'y entassèrent avec leurs bagages. Mesdames n'avaient qu'une cabine avec deux petits lits; leurs deux dames d'honneur couchaient par terre. L'air n'arrivait que par l'ouverture du pont qui se fermait le soir. La princesse Victoire était déjà presque moribonde. On devine les tortures sans nom de ce voyage abominable. Les malheureuses exilées passèrent trente et un mortels jours dans le *trabac-*

colo sans se déshabiller, tant en pleine mer que dans le port de Brindisi. Enfin, on quitta cet affreux séjour pour celui de la corvette russe qui devait conduire les princesses en Autriche. La corvette ne prit le large que le 15 mars. Il fallut d'abord aller à Durazzo, puis à Corfou où on n'arriva que le 28. On ne quitta cette île que le 12 mai, le jour de la Pentecôte, à cause de la maladie toujours plus grave de Madame Victoire. Corfou venait de soutenir un siège meurtrier. Les Turcs et les Russes s'en étaient rendus maîtres depuis dix jours seulement. Les cadavres encombraient encore l'entrée de la rade. Les maisons, criblées de boulets, offraient le plus lamentable aspect. Enfin le 19 du même mois — on était alors sur un bateau portugais, *La Reine de Portugal* — les malheureuses exilées entrèrent dans la rade de Trieste. Elles étaient à bout de forces. Le cardinal d'York, le plus jeune fils de Jacques III, dernier prétendant au trône d'Angleterre, était depuis Corfou leur compagnon de fuite. Elles débarquèrent le lendemain après un coup de *borra* épouvantable. Moins de trois semaines plus tard, le 7 juin, Madame Victoire expirait à l'âge de soixante-six ans. Madame Adélaïde la suivit dans la tombe huit mois après, le 18 février 1800. Les restes de Mesdames furent ramenés à Toulon en 1814, au moment même où, de l'île d'Elbe, revenait l'Empereur! Ils ne devaient être transportés à Saint-

Denis qu'à la seconde Restauration, en janvier 1817.

L'ascension du Monte Sant' Angelo commence presque à la porte même de Manfredonia. Vingt kilomètres environ nous séparent encore du sanctuaire. La route, très découverte, très abrupte, domine sans cesse en corniche les plus beaux points de vue sur la mer et le fuyant rivage des Pouilles. Nous ne cessons de rencontrer des théories de pèlerins. Soudain, de cet immense désert rocailleux qui est la Sainte Montagne, surgit une ville véritable, encombrée de fidèles. Au centre, s'élève l'église qui surmonte la grotte fameuse. Au milieu d'une foule immense, bourdonnante, infiniment bruyante, parlant, chantant, hurlant des prières, nous descendons, un peu troublés par ce pieux vacarme, les longs escaliers souterrains taillés dans le roc, éclairés de lampes innombrables; nous nous enfonçons profondément sous le sol; nous franchissons les merveilleuses portes de bronze si célèbres, niellées d'argent, commandées à Constantinople, en l'an 1000, par le patrice Pantaléon, qui a fait sur leur paroi inscrire en lettres d'argent ses supplications aux gardiens de l'église pour qu'ils entretiennent avec soin son admirable présent; il va jusqu'à leur donner des recettes à ce sujet!

Soudain nous débouchons dans l'immense sanctuaire creusé dans cette grotte transformée en église. L'impression est extraordinaire au milieu du bruissement de cette multitude qu'on a peine à distinguer. Peu à peu on s'accoutume à cette obscurité piquée de mille lumières; on distingue les détails de ce temple unique au monde et la foule des fidèles, qui, avec des cris, des invocations indescriptibles, assiègent incessamment l'autel et la statue de l'Archange. L'endroit est extraordinairement vénérable, merveilleusement ancien! Il y a mille ans, et plus, les mêmes foules naïves se précipitaient déjà aux pieds de saint Michel. Une grande partie de la décoration de la grotte remonte au plus haut moyen âge. C'est un des lieux les plus impressionnants que j'aie visités dans ma vie. Les honneurs nous en sont faits par l'archidiacre de la basilique, prêtre de belle prestance, très fin, très érudit. Il nous fait voir un bien étrange saint Michel de bronze, du plus haut moyen âge, récemment retrouvé dans un coin perdu de cette grotte étonnante; autour de nous la pieuse troupe des fidèles baise avec dévotion les portes byzantines.

Dans la cohue priante et tumultueuse des pèlerins, deux femmes surtout attirent notre attention : une jeune et une vieille qui sollicitent du Saint une grâce à leurs yeux si capitale qu'elles semblent comme folles dans leurs instantes supplications. Elles poussent incessamment d'ardentes clameurs, pleurant, sanglotant, interpellant l'Archange avec des paroles vraiment furieuses. Derrière elles, un vieil homme s'écrie sans interruption : « Oh! Santo, oh! Santo, accorde-leur, accorde-leur ce qu'elles te demandent ! »

Nous redescendons à Manfredonia par une autre route d'où la vue sur la mer est plus belle encore. Nous rentrons à la nuit tombante à Foggia par la même voie rustique et poudreuse. Toujours nous rencontrons des bandes chantantes de pèlerins. Nous songeons, rêveurs, à ce sanctuaire que nous venons de visiter, où les guerriers normands de la conquête allaient dès le onzième siècle prier le même Archange si pieusement adoré dans leur pays au mont de la Merveille.

De Foggia, par les riches campagnes de Cerignole où Gonsalve de Cordoue vainquit en 1503 l'armée française du duc de Nemours, par Canosa, lieu célèbre dans l'histoire des Normands d'Italie, où nous admirons le tombeau du fameux Bohémond d'Antioche, sorte de turbé oriental aux riches portes de bronze, élevé aux côtés de la cathédrale, nous gagnons Barletta, grand port de commerce au bord de l'Adriatique. Nous devons visiter dans cette journée les plus belles cathédrales, les dômes les plus illustres de l'Italie méridionale, ces monuments superbes aux façades imposantes, à l'aspect sauvage, aux grands porches dont les colonnes sont supportées par des lions ou d'autres animaux gigantesques, aux ambons admirables, aux tribunes sculptées avec un luxe prodigieux. Successivement nous visitons ceux de Bar-

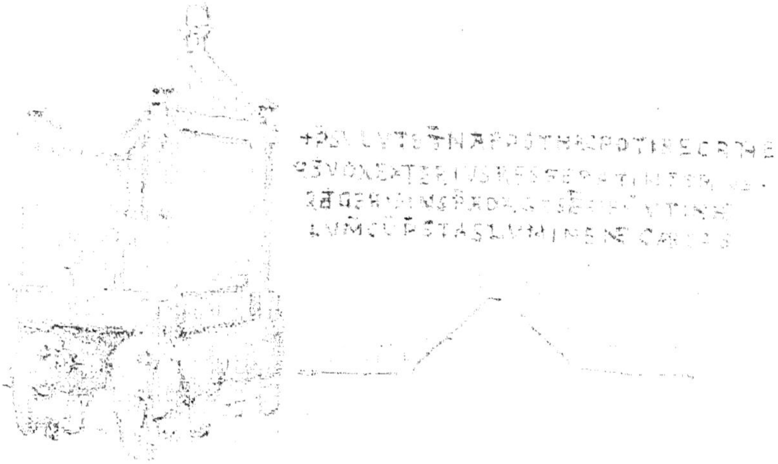

+ISOLVTE SNAPOTHAPOTINSCRHEC
OSVONEXTERIVSRESFEPATHITEP
REGERTINGPROLLSSEPH VTINS
LVMCVPETASLVMINENECAPIIS

+VRSOPCEPTORVM
MDALOVSADHECEV
IT ACTOR·:

letta, de Trani, celui-ci, immense joyau architectural dans une position unique au bord de la mer, de Bisceglie, de Molfetta, de Giovinazzo. A Barletta encore il y a cette mystérieuse colossale statue de bronze d'un empereur byzantin. Le géant couronné, dont le nom véritable nous est inconnu, se dresse en pleine cité contre le mur d'une église. C'est un problème presque douloureux de ne pouvoir mettre un nom sur cette physionomie aussi auguste qu'inquiétante.

C'est dans le port circulaire de Trani que le beau roi Manfred, aux longs cheveux blonds bouclés (1), le fils chéri du grand empereur Frédéric II, veuf de Béatrix de Savoie, accueillit sa seconde femme, la délicieuse princesse grecque Hélène, alors âgée de dix-sept ans seulement, dont le destin devait être si douloureux. Quand elle descendit de sa galère avec sa nombreuse suite de « barons et de demoiselles » du royaume de son père Michel Comnène, despote d'Épire, Manfred la pressa dans ses bras et l'embrassa tendrement. Des fêtes superbes fêtèrent cette union. Le soir, tant de torches furent allumées dans la vieille cité longobarde, qu'il semblait que ce fût le grand jour.

En janvier 1259, le roi Manfred vint chasser au-

---

(1)   *Biondo era e bello e di gentile aspetto,*
      Ma l'un dé cigli un colpo avea diviso.
        Divina Commedia, *Il Purgatorio,* canto III.

près de la petite et célèbre église encore existante de
la Madona de l'Incoronata, à quelques kilomètres de
Foggia. Il y avait sept ans qu'on n'avait chassé là.
Sa suite se composait de quatorze cents personnes.
Le roi ordonna que le gibier pris par chacun serait sa

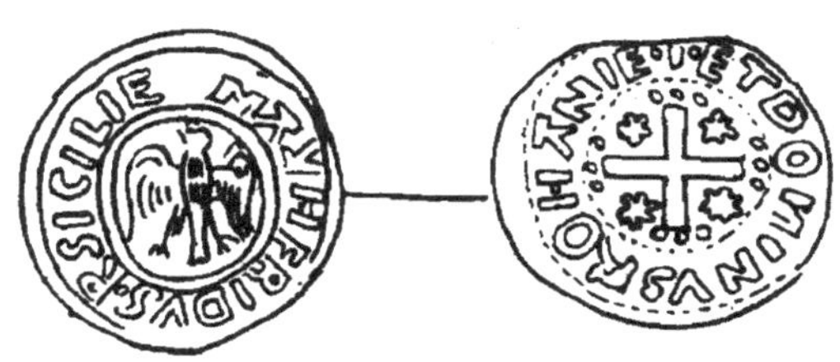

*Monnaie de Cuivre
du Roi Manfred.*

propriété. On tua un nombre infini d'animaux sauvages.

Cinq années n'étaient pas écoulées depuis le débar-
quement de la royale fiancée, que Trani revoyait la
même princesse fugitive à la suite de la défaite et de
la mort de son mari aux champs de Bénévent, après
des prodiges de valeur, sous les coups des soldats de
Charles d'Anjou. Réfugiée plus tard dans cette cité,
nous verrons qu'elle tenta vainement de s'embarquer
pour son pays natal.

Quand on eut retrouvé, deux jours après la bataille,
le corps nu et dépouillé de Manfred, quelques sol-

dats angevins le chargèrent sur un baudet, criant :
« Qui veut acheter Manfred? » Mais un chevalier français indigné les obligea à porter leur proie à la tente
de Charles d'Anjou. On appela des prisonniers pour
reconnaître leur roi. Ils couvrirent de leurs baisers et
inondèrent de leurs larmes la sanglante dépouille.
Les chevaliers français prièrent qu'on donnât une
sépulture honorable à un aussi courageux ennemi.
Charles d'Anjou refusa brutalement de faire enterrer
en lieu saint un prince excommunié. A la nuit tombante, le pauvre corps fut enterré auprès du pont de
Bénévent sous un amas de pierres assemblées par les
gens du pays et par les soldats de France. On montre
jusqu'à nos jours l'emplacement de cette grande
infortune en un lieu qui s'appelle encore maintenant
le « Champ des roses ». Jamais prince ne fut plus
regretté de ses sujets. Comme son illustre père, il
était poète et musicien. Souvent, la nuit, dans les rues
des vieilles cités des Pouilles, il aimait à se promener
chantant de vieux airs du pays, accompagné de mu-
siciens. Sa voix d'argent, si douce, était enchante-
resse. Tout en lui était harmonieux. Son beau corps,
sa grâce exquise avaient ravi tous ses contemporains. A Bari, l'annonce de sa mort fut accueillie par
de vrais cris de douleur.

A la première arrivée des Français, durant que son
mari le roi Manfred s'apprêtait à les combattre, la
pieuse reine Hélène, cette figure si noble et si tou-

chante, accompagnée de ses enfants, très certainement aussi de sa belle-sœur dont j'ai parlé déjà, sœur
de son époux, la bonne impératrice Constance ou
Anne de Nicée, s'était réfugiée dans la citadelle fameuse de Lucera dei Saraceni ou dei Pagani, réputée
imprenable. Ce fut pour tous ces innocents le commencement d'une agonie sans nom. La fureur reli-
gieuse des envahisseurs, ces nouveaux croisés d'Oc-
cident, était extrême. La reine Hélène vécut dans
cette sombre forteresse des journées d'angoisse abominable. Ce fut là qu'elle reçut la terrible nouvelle
de la défaite de son mari, le roi Manfred, le 26 février de l'an 1266, à la bataille de Bénévent. Ce fut
là aussi que se réfugièrent au premier instant la plupart des fuyards de cette funeste journée. Après un
moment de stupeur, le péril de ses fils rendit courage
à la jeune reine, mais tous l'abandonnaient déjà. La
célèbre garnison sarrasine de Lucera même était
ébranlée.

Quand Hélène reçut, peu de jours après, la con-
firmation de la mort de Manfred, elle s'évanouit et
faillit mourir. Elle décida aussitôt de fuir avec ses
enfants et ses trésors à Trani, d'où elle s'embarque-
rait pour l'Épire. Elle arriva dans la nuit du 3 au
4 mars dans ce port où, quelques années auparavant,
elle avait débarqué jeune, belle, acclamée. Un navire
était prêt pour l'emporter, mais une horrible tem-
pête soufflait qui empêchait le départ. La bande la-

mentable se réfugia momentanément au château de la ville. Elle y fut, hélas, presque aussitôt rejointe par les émissaires du pape et de Charles d'Anjou, lancés de toutes parts à travers le pays. Ceux-ci firent lever le pont-levis. Les pauvres fugitifs étaient maintenant à la merci du vainqueur. Un gros de cavalerie française arrivé deux jours après emmena en un lieu secret les trois fils en bas âge de Manfred. Leur mère infortunée, avec leur sœur Béatrix, resta d'abord à Trani, puis fut amenée à Charles d'Anjou à Lagopesola et envoyée de là au château de Nocera dei Pagani.

Hélène, habituée à tous les agréments, à toutes les douceurs de la vie, survécut peu à son infortune. Elle mourut à Nocera dès le mois de septembre 1271 et, au mois de mars suivant, ses trois fils : Henri, Frédéric et Anselino et leur sœur Béatrix furent conduits à San Salvadore della Mare, aujourd'hui le château de l'Œuf à Naples. Le triomphe des Aragonais en Sicile, à la suite des Vêpres siciliennes, amena la mise en liberté de la petite princesse, que sa sœur Constance, fille du premier mariage de Manfred, et femme du roi Pierre d'Aragon, maria au marquis de Saluces. Il n'en fut pas de même de ses frères. La captivité qui avait pris ces infortunés au berceau les suivit jusqu'à la tombe. Malgré les Vêpres siciliennes et la perte de la Sicile, ils demeurèrent les prisonniers des princes angevins. Transportés à

Castel del Monte, dont je vais tout à l'heure parler, ils languirent oubliés dans cette forteresse solitaire sous la dure surveillance d'un Français, le sire de Saint-Mesmin. L'histoire parle à peine d'eux. Un rescrit du 13 juin 1294 à Bari fixe leur pension à un tari d'or par jour. Un autre, du 25 avril 1297, à Naples, contient ce passage qui en dit long sur les souffrances de ces malheureux. « Nous voulons que les trois fils de Manfred, qui sont détenus dans le susdit château de Sainte-Marie du Mont, les fers aux pieds, soient aussitôt délivrés de ces fers, et que vous les traitiez honorablement comme il convient. » Ainsi les infortunés étaient restés trente et un ans enchaînés. A cette époque les pauvres princes, devenus trop malades pour demeurer dans cet endroit écarté, furent transférés à Canosa. Un d'eux y mourut. Un autre, Frédéric, réussit à s'échapper et se réfugia en Égypte. Le dernier, Henri, conduit au Castel Nuovo à Naples, y vivait encore en 1309. Il ne mourut que sous le roi Robert, dernier et misérable descendant des grands princes souabes de jadis. Il avait cinquante-six ans. Il en avait passé cinquante-deux dans les chaînes. Il mourut dans la prison même du palais où il était né.

Je passe rapidement sur notre séjour à Bari. Cette plus riche cité des Pouilles, son dôme, sa vaste et sombre église de Saint-Nicolas, contenant les reliques

du grand saint asiatique, jadis apportées de Phrygie,
son très beau musée, sont mieux connus. C'est, là, la
limite extrême de notre voyage. Le lendemain, nous
commençons à remonter vers le nord. Par Bitonto et
Ruvo, possédant chacune une ravissante cathédrale,
nous gagnons Andria, encore une ville illustre dans
les fastes de la conquête normande. C'est de là que
part la route qui mène au Castel del Monte, le légendaire château tant aimé de l'énigmatique Frédéric II,
un des buts principaux de notre voyage. Déjà nous
apercevons aux flancs du mont cette haute et immense
silhouette dominant tout l'horizon. La route, très
belle, a été refaite récemment pour permettre à l'empereur Guillaume de visiter plus commodément le
château de son grand prédécesseur. L'automobile
marche rapidement sur cette pente qui nous mène
droit à la forteresse. Nous l'avons tout le temps en
face de nous dressant ses tours colossales en ce site
extraordinaire, sur ce promontoire montagneux en
avant de l'Apennin d'où l'on découvre le plus
immense horizon. Nous ne pouvons détacher nos
regards de ce spectacle. Que de fois, lisant dans les
historiens la vie de Frédéric II, j'avais ardemment
désiré voir le château qui, de tous ceux qu'il habita,
rappelle le plus vivement son nom! Après cette course
folle d'une vingtaine de kilomètres, nous escaladons
les dernières pentes plus abruptes et faisons halte
près de la grande porte de la demeure déserte. Sous

nos yeux s'étendent à l'infini les plaines de la Pouille couvertes de villes, de villages et de cultures, et les

Castel del Monte

plus lointains rivages de la mer Adriatique. Le splendide monument, à la fois forteresse, palais et maison

de chasse, dresse sa masse géante au haut du mont.
Sauf le revêtement de plaques de marbre qui ont disparu presque partout, le château est intact jusqu'en
ses toitures immenses, sillonnées de rigoles pour le
captage des eaux de pluie. La fin du jour est très
belle. La solitude est complète. Seule la femme du
gardien absent, promène un bel enfant devant le
noble édifice. Nous pénétrons dans la vaste cour inté-
rieure. C'est bien, là, la résidence superbe, toute en
pierre, de ce César du treizième siècle : escaliers
d'une conservation parfaite, deux étages de salles à
voûtes ogivales supportées sur des colonnes, salles
construites de pierres énormes aux arêtes encore très
vives. Un silence de mort règne dans cette immensité
que ne troublent jamais plus que les oiseaux de proie
et les chats-huants entrés par les hautes et larges
fenêtres ouvertes sur la campagne. Je traverse rapidement chaque salle ; il me semble que je suis le jouet
d'un rêve. A chaque instant, je crois voir apparaître
un des guerriers sarrasins du grand empereur dans
son armure de mailles, sous son vaste turban blanc.
Oui, c'est ici que Frédéric aimait à vivre, dans un
farouche isolement de ses sujets italiens, parmi ses
gardes étrangers, au milieu de son harem de belles
filles d'Orient. C'est d'ici qu'il courait chasser le
lièvre, et même la gazelle, avec les fameux guépards
acquis pour lui à prix d'or en terre musulmane et
que leurs gardiens portaient en travers de la selle

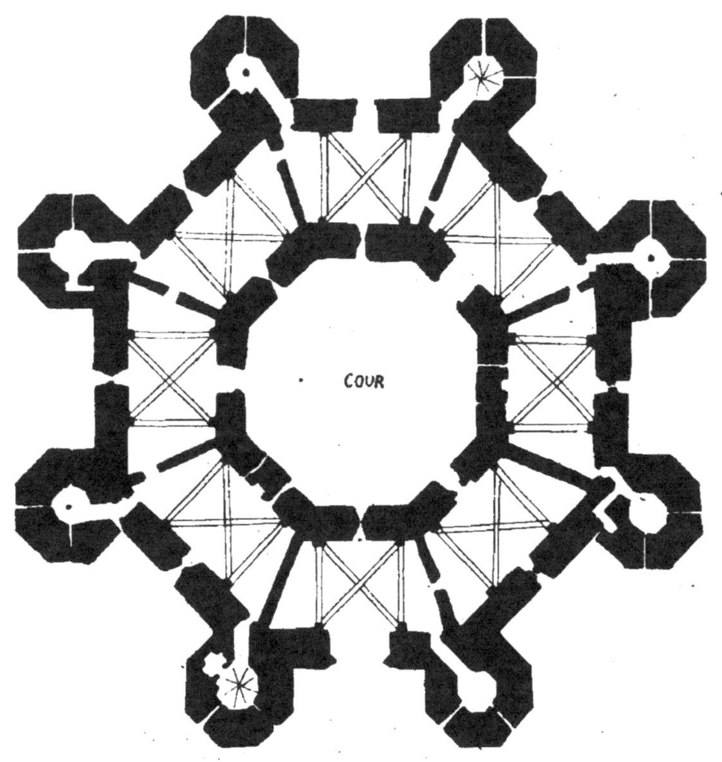

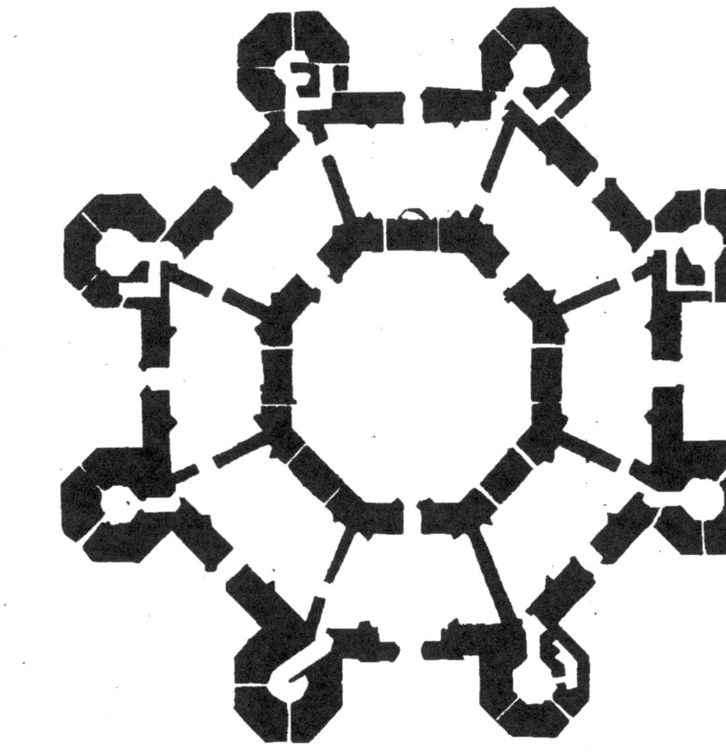

Castel del Monte
Plan du rez de chaussée et du premier étage

pour les lancer soudain sur le gibier épouvanté (1).

Les chroniqueurs contemporains affirment, avec une évidente exagération, que Frédéric II parlait également bien l'hébreu, le grec, le latin, le français, l'arabe, l'italien et l'allemand. Il était versé dans toutes les sciences d'alors ; il avait lu tous les traités connus de philosophie! Il est l'auteur de divers chants et sonnets. Plusieurs de ses chansons amoureuses ont été conservées. Dante parle de lui comme du père de la poésie italienne. Il écrivait aussi dans l'idiome des troubadours de la Provence et, toutes les fois qu'il se trouvait à Palerme, il y présidait des académies ou réunions littéraires où les dames étaient admises. Il était, je l'ai dit déjà, un chasseur passionné. Il a lui-même composé un livre sur la chasse au faucon : *De arte venandi cum avibus,* avec additions et commentaires par le roi Manfred. La miniature initiale représente deux fauconniers, l'oiseau au poing, agenouillés devant l'empereur. Je cite encore ici Mme Janet Ross. Frédéric, dans sa préface, s'excuse de devoir user de quelques termes barbares, les mots latins ne pouvant servir à exprimer convenablement sa pensée. Il commence par déclarer la chasse aux faucons le roi des sports et explique

(1) Les plans du rez-de-chaussée et du premier étage du château de Castel del Monte représentés ci-dessus sont empruntés au bel ouvrage du duc de Luynes cité plus haut comme aussi du reste le plan de la citadelle de Lucera. Le contour de cette citadelle est d'au moins 900 mètres.

pourquoi il en raffole. Il procède ensuite au classement des divers rapaces chasseurs. Il décrit leurs mœurs et coutumes, leurs ailes et leurs pattes, leurs manières diverses de voler et de combattre. Il cite Pline et Aristote. Il donne la palme aux gerfauts d'Islande et entre dans de grands détails pour la capture et l'éducation de ces beaux oiseaux. Il réclame l'honneur d'avoir introduit en Europe le capuchon pour couvrir la tête du faucon. Il cite comme une grande rareté un oiseau blanc à lui donné par le sultan du Caire.

J'ai parlé à diverses reprises des léopards ou guépards à l'aide desquels Frédéric aimait à poursuivre le gibier dans les solitudes de la Pouille. Dans une note de l'édition de *Marco Polo* de sir Henry Yule, revisée par lui, mon confrère et ami Henri Cordier donne quelques détails intéressants sur ces souples animaux désignés aux Indes sous le nom de *cheeta* et encore aujourd'hui élevés pour la chasse par les nobles indous. Le léopard de chasse est très distinct du léopard véritable ; il est beaucoup plus élancé ; il a les jambes plus longues. Mille *cheetas* étaient attachés au parc de chasse d'Akbar, le fameux empereur mogol du seizième siècle. Le principal d'entre ces animaux, qui répondait au nom de « Semend Manik », était porté à la chasse en palankin ; on battait du tambour devant lui. Boldensel, dans la première moitié du quartorzième siècle, parle du *cheeta* comme communément utilisé à la chasse dans l'ile de Chypre sous les rois Lusignan. Il fut introduit même en France à la fin du quinzième siècle et fréquemment employé par les rois Louis XI, Charles VIII, Louis XII. Les léopards royaux étaient parqués dans une des douves du château d'Amboise et le nom d'une des portes encore existantes aujourd'hui : *Porte des lions,* passe pour rappeler cette circonstance. Le *cheeta* porté en croupe figure fréquemment sur les étoffes de soie tant orientales qu'italiennes des treizième et quatorzième siècles, aussi sur une foule de miniatures persanes.

M. Adrien de Longpérier, mon maître très aimé, a publié, en 1844, dans la *Revue archéologique,* une coupe arabe de métal, probablement exécutée à Lucera au treizième siècle, trouvée à Fano et faisant partie des collections du Cabinet des médailles de la Bibliothèque nationale, sur laquelle figurent des scènes de chasse comportant entre autres personnages des cavaliers tenant des léopards en croupe, et M. de Longpérier rappelle de son côté à ce sujet les lettres de Frédéric II demandant qu'on lui procure des léopards non apprivoisés, mais qui cependant *sachent monter à cheval :* « *qui tamen sciant equitare* » (1) ! Sur cette même coupe, on voit des léo-

<hr>

(1) *OEuvres d'Adrien de Longpérier* réunies et mises en ordre par G. Schlumberger, t. I, p. 349 et suiv. ; — E. Miller, dans l'*Annuaire pour l'encouragement des études grecques en France,* t. VI, 1872, a

pards de chasse poursuivant des antilopes et des gazelles.

Antoine Galland, le célèbre traducteur des *Mille et une Nuits,* qui vécut à Constantinople dans la seconde moitié du dix-septième siècle et dont M. Ch. Schefer, mon maître et ami très regretté, a publié le *Journal,* raconte qu'étant à Andrinople au mois de mai 1672, il vit défiler le prodigieux cortège qui sortit de cette ville à la suite du sultan Mahomet IV, partant pour la guerre. Après d'innombrables autres groupes de personnages aux vêtements d'une richesse fantastique passèrent une trentaine de fauconniers à cheval qui portaient chacun un oiseau sur le poing. « Ces fauconniers, dit Antoine Galland, précédaient sept hommes à cheval qui portaient en croupe chacun une espèce de tigre apprivoisé dont Sa Hautesse se sert quelquefois pour courir le lièvre, quoi que puissent dire au contraire ceux qui ont de la peine à le croire. C'est une chose que tout le monde sait ici, et on n'en peut pas douter à moins de faire profession de ne vouloir rien croire des relations étrangères. Ces tigres étaient couverts chacun d'une housse de brocard et leur posture paisible, jointe à leur regard féroce et sauvage, causait en même temps étonnement et frayeur dans l'âme de ceux qu'ils regardaient. »

publié la *Description d'une chasse à l'once par un écrivain byzantin du douzième siècle.*

... A l'encontre de la plupart des souverains de son temps, Frédéric était esclave de sa parole. Du moins les chroniques l'affirment. Il promulgua des lois excellentes. « *Mortuo Friderico*, s'écrie la *Chronique italienne, omnis justitia, præsertim in Italia, sepulta est !* »

Lorsque Frédéric II fut enfin sur le point de partir pour cette Croisade tant de fois différée dont les historiens nous ont compté cent épisodes étranges, il fit dresser dans la plaine, auprès de Barletta, un trône magnifique sur lequel il monta en présence d'une foule immense, dans tout l'éclat de la magnificence impériale. Il y parut revêtu de la croix des pèlerins et annonça lui-même au peuple assemblé qu'il allait partir pour la Syrie. C'était au mois d'avril 1228. Débarqué à Saint-Jean-d'Acre, il s'inquiéta peu de l'excommunication pontificale qui pesait sur lui. En vain le pape écrivit au soudan d'Égypte pour le prémunir contre lui, en vain les Templiers cherchèrent à le faire périr au moment où il se baignerait dans le Jourdain, Malek-Kamel méprisa ces insinuations odieuses et se contenta d'envoyer des lettres à l'empereur. L'hiver se passa en conférences, en ambassades, en réceptions solennelles de la part des deux souverains, tous deux lettrés, tous deux beaux esprits. Ce fut un échange de vers flatteurs où de problèmes à résoudre. On s'entretint de la géométrie d'Euclide, de la philosophie d'Aristote et d'Averroès.

Le soudan donna à l'empereur des cadeaux merveilleux et une troupe de danseuses orientales instruites à danser dans la salle des festins. Des émirs sarrasins étant venus le visiter, Frédéric, à son tour, fit danser devant eux des femmes chrétiennes comme . pour comparer leurs charmes à ceux des almées (1).

Vers le mois de juillet 1241, Frédéric, alors en Romagne, apprit que le comte de Cornouailles, le frère de l'impératrice Isabelle, revenant de la croisade, avait débarqué à Trapani. Il envoya à sa rencontre un de ses maréchaux et lui fit faire dans chaque ville où il passait une réception magnifique. Lorsque le comte fut parvenu en sa présence, il traita son hôte avec les plus grands soins, voulut qu'on lui fît prendre des bains, qu'on le saignât, qu'on soignât sa santé altérée. Quelques jours après, le prince anglais, avec sa sœur l'impératrice, assista à des divertissements charmants. Deux jeunes filles sarrasines, très belles, dansèrent devant lui sur deux boules ou globes roulants, frappant l'une contre l'autre des cymbales sonores, tournant gracieusement avec une vitesse prodigieuse. Plus tard, au concile de Lyon, ces divertissements furent sévèrement reprochés par l'Église à l'empereur.

De la porte du donjon si beau de Castel del Monte, au soleil couchant, dans un embrasement magnifique,

---

(1) Tous ces détails sont encore empruntés au livre du duc de Luynes que j'ai cité plus haut.

la jeune femme du gardien nous fait admirer l'immense panorama qui se déroule sous nos yeux éblouis. Elle énumère toutes les grandes cités des Pouilles qui s'étendent devant nous depuis Manfredonia au pied du Gargano jusqu'au delà de Bari. Nous quittons avec peine cette vision admirable que nous ne reverrons sans doute jamais. L'auberge d'Andria n'offrant que peu d'attraits, nous allons passer la nuit à Barletta, près du colosse impérial byzantin.

Le lendemain, nous visitons encore la grande et merveilleuse église inachevée de Venosa, elle aussi une des principales cités de l'occupation normande. Ces restes superbes se dressent à quelque distance de la ville moderne, au milieu du plus aimable désert, dans une oasis de fleurs, d'arbustes, de plantes grimpantes. On y voit encore les tombes illustres de Roger Guiscard, de son frère Drogon, de sa femme Albérade. Nous passons une nuit très inconfortable dans une infâme auberge de Melfi, en un site austère déjà très montagneux. Melfi a joué un grand rôle dans l'histoire des Normands de Sicile. C'est là que, pour la première fois, dans un pacte fameux, ils se partagèrent le pays conquis. Le lendemain, par une belle route de hautes montagnes, non loin de la sombre vallée de l'Ofanto, non loin du mont Vultur aux vastes forêts mystérieuses, nous franchissons à nouveau la chaîne de l'Apennin. A Bénévent, nous admirons le dôme aux portes de bronze et le bel arc romain. A Caserte, nous parcourons l'immense palais, rival de Versailles. Les jours suivants, nous visitons le mont Cassin terriblement restauré dans le goût allemand, et cette admirable région qui descend de là jusqu'à Rome dans la plus sévère des contrées, toutes ces villes enfin qui ont noms : Arpino, Frosinone, Alatri à l'énorme muraille étrusque, Ferentino, Anagni et sa cathédrale portant sur sa façade la statue de Boniface VIII, la victime du terrible Nogaret; bien d'autres encore, sans oublier, entre Arpino et Frosinone, l'abbaye cistercienne renommée des SS. Giovanni e Paolo di Casamari, de style gothique primitif bourguignon. Le dernier jour, navrés que ce soit la fin, nous allons, de Frosinone où nous sommes revenus passer la nuit, aux ruines délicieuses de l'abbaye également cistercienne de Fossanova, rivale de celle de Casamari; nous visitons encore Terracine en son site gracieux entre tous, les romantiques ruines de Ninfa, Cori et son temple antique de si exquises proportions au plus haut du mont. Le soir, nous rentrons à Rome vers la tombée du jour.

FIN

PARIS

TYPOGRAPHIE PLON-NOURRIT ET Cie

8, rue Garancière